정도병 시집

큰 호수 얼굴

정도병 시집

큰 호수 얼굴

순수

시인의 말 ◆

정년을 앞두고 세계 여행을 계획했다
지구 곳곳에 발자국을 남겼다
여행지의 새로운 풍광과
색다른 사람들이 사는 모습에 감탄하며 시를 썼다
알맹이가 없고 철학적 사고가 결여된 여행 시 같아서
부끄럽다
나는 떨거지 시인인가?
어찌하랴
내게 주어진 능력만큼 자족하련다
시와 함께 사는 것
좋은 시를 암송, 낭송하고
자작시를 발표하며
여생도 시와 더불어 살련다

출판해 주신 박영하 주간님께 감사드린다

시와 찬미와 신령한 노래들로 서로 화답하며 주께
노래하며 찬송하며
(에베소서 5장 19절)

2025년 5월
물옹호 시인 정도병

| 목차 |

◆해설/정연수 • 106
◆시인의 말 • 11

제1부 **발자국**

아침마다 • 19
발자국 • 20
어디쯤일까 • 21
오물오물 • 22
멈추다 • 24
책벌레 • 26
국립묘지 영산홍 • 27
운 • 28
떨거지 • 30
성묘 • 31
무료기부 • 32
월미도 축방(築防)에 앉아 • 33
기도원의 밤 • 34
청둥오리 • 35
능소화 • 36
연말 • 37

제2부 물왕호

처서 · 41
물왕호 · 42
두 귀빈 · 44
새벽 골프 · 45
힘 빼! · 46
벚꽃 지는 날 · 48
서른네 송이 꽃망울 · 49
파란 신발 · 50
정리지구에서 · 51
꼬막 비빔밥 · 52
찜통더위가 좋다 · 53
찔레장미 · 54
말복 · 55
9월 · 56
사과 따기 · 57
표지석 · 58
당단풍나무 · 59
첫눈이 오면 · 60

제3부 거울 앞에서

거울 앞에서 • 63
11월 • 64
낙엽, 아버지 • 65
빈 서재 • 66
명함 • 67
봉주가 떠난 후 • 68
멋 • 70
찬바람 불어도 봄은 온다 • 72
시든 꽃잎이 떨어져야 열매를 맺는다 • 73
왜성 라일락 • 74
인터뷰 소동 • 75
참국어사전 • 76
코로나19가 창궐하여 • 77
폐차장에서 • 78
그래그래 • 79
꿈 속의 여름밤 • 80
메리 크리스마스 • 81
맏사위 같던 셋째 사위 • 82

제4부 내 말은 달린다

한라산 • 85
내 말은 달린다 • 86
제주 아쿠아룸에서 • 88
동판을 닦는다 • 89
통나무 십자가를 지다 • 90
소금산 출렁다리 • 91
루비프린세스호에서 • 92
오스트리아 빈 카페 • 94
팽목항에서 • 95
흔적 • 96
론강에 태양은 불타고 • 98
정선 아리랑 열차에서 • 100
도두봉 오름에서 • 101
서귀포에서 • 102
미륵산에서 • 103
굿샷 • 104

1부

발자국

아침마다

눈을 뜨자마자
말씀 쉰일곱 구절을 낭송한다

푸른 문이 열리고
백합 향기 퍼진다

가슴이 설레고
심장이 끓는다

세상 모든 것은 다 빛을 잃어갔고
깜깜한 밤하늘을 보며
내 눈은 별을 찾아 헤맸었지

마태복음에서 요한계시록까지
핏속에 신경 속에 녹아든 의로운 검

아침에 붙잡는 건 내 삶의 푯대라
삶의 한 획을 긋는 대 전환이다

나를 산 제물로 바친다

발자국

경칩에 눈이 내린다
눈을 맞으며 둘레길을 걷는다
눈썹 위에 내려앉는 눈이 간지럽다

하얀 길에 선명한 내 발자국
나비 같은 발자국

마지막 날에는
이런 날 하얗게 차려입고
하늘로 훨훨 오르면 좋겠지
마중 나온 천사의 날개도 하얗고
내 날개도 하얗고

하얀 국화꽃 뒤덮인 이 땅에
입 맞추고
훨훨 날아오를 내 발자국

어디쯤일까

일상이 매일 새로울 수는 없겠지
변하는 건
여기저기 아픈 것뿐

바람이 시린 내 어깨를 스친다
생명을 다한 별이 스러진다

빨간 꽃 노란 꽃 파란 꽃
말없이 시들어간다

어제가 오늘에 자리를 내주고 사라진다

호수에 동그라미라도 남겨보고 싶은 오늘

내 손에서 따뜻해진 조약돌 하나
수면에 던진다

동그라미가 가뭇없이 사라지는 곳

오물오물

구월동교회 식당 앞에
길게 늘어선 줄
새치기란 없다
오물오물

탑골공원 무료급식 줄처럼
오물오물

넝마주이 연탄 배달부
까만 얼굴처럼
오물오물

빛 바랜 털모자
이마엔 깊은 주름살
토끼가 풀을 씹듯이
오물오물

혼자 먹기 싫다
외면은 싫다
오물오물

늙고 떠나고 홀로 남고
무료 인생
무료 밥값
오물오물

멈추다

20년을 부려 먹었지
내 에쿠스

애지중지하면서
한 세월 내 자부심이었던 놈

왼쪽 뒤편 너클이 부서져서
부속품을 구할 수 없단다

30킬로 저속으로 끌고 와서
간신히 아파트 주차장에 세웠다
애견 필승이가 무지개다리를 건너기 직전
웅크린 모습 같다

차가 너무 크니 소형으로 바꾸라는
자식들의 성화에도
뼈대가 굵어 십 년은 더 탈 줄 알았다

검은빛 피부의 건장한 자태
반짝이는 윤기
멋지던 전성기가 엿보인다

113서5995 나의 분신이
폐차장 고철로 짓이겨지다니!

레커차에 실려 모퉁이로 사라지는 모습
말없이 바라보며 눈이 젖는다

책벌레

책꽂이마다 직사각형 얼굴이 엄숙했다
제목을 읽으면
과거 현재 미래가 펼쳐졌다
말끔한 글의 속살이 가슴을 설레게 했다

어느 순간 엄숙에서 해방되고 싶었다

1.5t 트럭
이삿짐 바구니로 64 바구니
시립도서관에 1,002권의 책을 기증했다

오늘 또 책을 산다

기어이 또 샀다
쇼펜하우어 인생론

국립묘지 영산홍

현충원 둘레길 양편에
위패들이 늘어서 있다
사열하는 총열처럼

언덕 여기저기
퍼져가는 붉은 몽우리들

누구의 혼이 숨었을까
지하에서 고개 들어
피어나는 붉은 몸짓일까

가까이 다가가 꽃잎을 펼쳐 본다
오므린 어린 꽃잎
활짝 핀 다섯 잎

베트남 안케패스 전투에서 산화한
친구의 얼굴일까

운

 양평 제32 보병 사단에 배치되었다. 아름다운 임진강 강변에서 파견 근무를 했다.
민간인이 통제되어 한적했다. 해 질 무렵 강가에서 물새들이 날아오르는 소리 들렸다. 풀벌레들 합창이 새벽까지 이어졌다. "먼저 보고 먼저 쏘자, 졸면 죽는다". 이곳저곳에 삼엄한 격문들. 밤이면 경계근무 중인 초소에 소주를 사 들고 갔다. 우리는 밤새 소주를 퍼마시곤 했다. 철저히 금기된 사항임에도 불구하고.
 비가 부슬부슬 오는 어느 여름날. 그날도 소주 건빵 과자 등을 사 들고 초소에 모였다.
한참 이야기꽃을 피울 때 뻥! 사고가 터졌다. 그 실탄은 내 귀밑을 스치고 목을 스치고 지나갔다. 순간, 정신이 멍했다. 말단 초병이 오발 사고를 낸 것이다. 한밤의 총소리에 북한까지 비상이 걸렸다. 바로 전에 산토끼를 잡은 것이 있어 상황은 마무리되었다. 정도병 저놈은 천운을 타고난 놈이야. 온 부대에 명성을 떨쳤다. 그 운이 평생 내 몸에 붙어 다녔다

 양평우체국 전신전화계장으로 근무할 때 교환실에 불이 났다. 새벽 2시쯤, 앗 저게 뭐야! 교환실 난로가 과열되어 연통이 벌겋게 달아올랐다. 모포에 옮겨붙

기 시작했다. 일촉즉발의 순간이었다. 근무자는 모두 잠들어 있었다. 불이야! 소리 소리 지르며 간신히 불길을 잡았다. 불명예 공직자로 낙인찍힐 뻔한 순간 나는 불시 점검을 나갔다. 누가 내 잠을 깨웠던가?
운이란 놈이 밤잠을 설치던 내 등을 떠밀었다. 불시 점검을 나가게 했다. 제주체신청장으로 은퇴할 때까지 그놈은 나를 지켰다

 시와 찬미와 신령한 노래들로 서로 화답하며 주께 노래하며 찬송하며(에베소서 5장 19절)

떨거지

시를 좋아한다고 다 시인인가

억지에 가까운 톤
감정만 고조되고 깊이 없는 노래 같다

이미지 제시는 못 하고
군더더기로 덧칠만 한다

유행가 가사처럼
생동감도 울림도 없는 설명서

그래도 난 자칭 시인이다

A+만 다냐
C 학점도 점수지

그럼 난 떨거지 시인인가

성묘

부모님 손 잡고
사과 배 곶감 부침개 싸 들고
껑충껑충 뛰면서
노래도 하면서
성묘 가던 길

이제 백발 혼자 걷는다

서로 잡았던 그 손엔
지팡이뿐

하산길에 밟히는
어둑한 산 그림자

무료기부

코로나19 재난지원금을 전 국민에게 지급했다
우리 부부는 육십만 원을 자발적으로 기부했다

자발적 기부 증명 주세요
그런 거 없어요
무표정한 동사무소 직원이
서류에 얼굴을 박은 채 시큰둥하다

버스비가 없어 30km를 걸어 다녔던 열세 살
초근목피의 기억
하숙비도 못 내던 박봉 시절이 떠올랐다

집에 와서 옷장을 열어 보니
30년 입은 점퍼의 헤진 옷소매가 눈에 띈다

나는 국가와 민족을 위해 무료기부를 했나?

아파트 대로에서
폐지 리어카를 끌고 가던 노파의 모습이 떠오른다
병든 할머니에게 맡겨진
판자촌 어린아이의 눈물이 보인다

월미도 축방(築防)에 앉아

지는 해를 바라본다
축방(築防)에 앉아
물끄러미

하늘 구름 바다가
온통 붉다

바다에 길게 드리운
해의 꼬리

나만의 태양을 붙들 수는 없을까

불타는 정열은
곧 소멸이라는 것

내일이 온다는 건
어쩌면 꿈일까

기도원의 밤

한탄강 절벽의 계곡
울부짖는 기도 소리가 어둠을 가른다

반석에 무릎 꿇은 사람들
주여!
두 손의 떨림이 하늘로 솟구친다

계곡은 물 소리뿐 풀벌레도 잠이 들고
적막은 계곡보다 깊다
별은 먼 곳에서 쏟아지고
외침은 이따금 이어졌다 끊어진다

어제의 현장
이 어두움의 세상

내 가슴 좁은 골짜기
절규가 메아리친다

청둥오리

늦은 밤 대구 신천변
차디찬 돌에
걸터앉아 있다

천변을 지나가는 발걸음 뜸하고

건너편에는 황금빛 종탑
고층빌딩 창문의 불빛이 눈부시다
달리는 라이트가 어둠을 훑는다

벌써 10년 전
정년 앞둔 좌천
따뜻한 불을 밝히지 못했던 유리창
불빛은 여전히 수면에 일렁이고

신천에 오자마자 심은 내 나무
커다란 백목련은 사라지고

한 조각 빵을 나눠 먹던
색동옷 친구들
청둥오리는 잠자리에 들고

능소화

쓰르라미들이 소낙비처럼 울어댄다

능소화가 하늘로 나팔을 분다
그리움을 토해 낸다

나도 쓰르라미 소리에 취해 흥얼거린다

해가 지면 꽃은 외로워 울지 않을까

하니네의 시 "눈부시게 아름다운 5월에"를 좋아하던
클래식 음악에 도취하던 그 소녀처럼

나를 보며 능소화를 쓰다듬던 소녀처럼

연말

길거리가 한적하다
털목도리를 칭칭 감아 복면한 아낙네가
종종걸음으로 건널목을 건넌다

신호등에 멈춘 차 꽁무니는
하얀 김을 품어낸다

아파트 입구
연말 장식용 점등이 바람에 떨고 있다
키다리 외등 목도 흔들거린다

경비실 유리창에 비친
12월 달력을 배경으로
늙은 방한복이 부산하다

단풍나무 마른 이파리 하나
칼바람에 뱅글댄다

곧 팔순, 나도 부산하다

2부

물왕호

처서

물왕호 물풀들 속삭이듯 일렁인다
일일초가 언덕을 하얗게 덮고 있다
처서에 코로나가 데려간 그 친구인 듯
가슴에 안겨 오는 서늘한 바람

물왕호

호수야
가슴 활짝 연
물왕호야

반짝이는 햇살 피어나고

산 그림자 드리운 수면
늘어진 실버들 사이로
물결 타는 청둥오리 가마우지

물왕호야
갈대숲 속삭이는 호수야
긴 의자에 걸터앉은 나는 가슴이 저려라

큰 호수 얼굴

눈 감으면 수면에 떠오는
어른거리는 보고픈 사람아
그리워라 혼자 그리워라

달밤 별밤에도

마음 맑은 사람아

헤매노라

찾아 헤매노라

두 귀빈

거리 두기 수개월째
대체 혼자 어디를 갈까

정처 없이 굴러가던 차바퀴를 이끄는
물왕호 이정표

물결 따라 낮게 나는
쇠백로 한 마리

호숫가에서 고개를 길게 빼고
새를 바라보는 코스모스
어느새 날개를 달고 날아가는 코스모스

무거운 생각들 다 내려놓으면
나도 날개가 돋을까

해 질 녘까지
두 귀빈과 노닐다

새벽 골프

새벽달에 닿을 것처럼
날아가는 연두색 골프공

내가 날린 거지!

날개가 얼마나 아름다운가?

어릴 적 손가락으로 가리키던
그 별이 있는 쪽으로

은하수 저 멀리까지 날아가렴,

힘 빼!

 골프에 두 어깨가 망가졌다. 오십이 넘어 골프 천국 제주에 발령 받은 것이 화근이었다.
기관장 모임은 늘 골프 모임. 난 초보, 연습에 밤낮을 몰랐고, 눈을 감으면 하얀 공들이 포물선을 그리고 수평선 너머로 긴 빗금을 그어 가슴이 뛰었다.

 허리 굽혀 바라보니 잔디밭 벌판에 새싹들이 와글와글 솟아오르고, 여름이면 끓는 태양이 초록빛 페어웨이에 내려앉았다. 낙엽에 묻힌 공들의 가녀린 숨소리가 들리다가 겨울이면 묘지처럼 쓸어모은 눈더미 속에서 차디찬 공을 찾아내 허공에 높이 흔드는 그 맛!

 폭우 속 파라다이스 골프장, 우르르 쿵 번쩍 찢어지는 굉음, 신속히 철수하라는 긴박한 방송도 아랑곳하지 않고 천둥과 번개 속에서 드라이버를 날리던 광기. 쇳덩이 클럽을 손에 든 채 흠뻑 젖은 아내마저, 벼락에도 막무가내였다. 채만 들면 힘이 솟구쳐 올라 회전 근육을 통제할 수 없던 그 버릇.

 힘 빼는데 3년이 걸린다는데 뒤늦게 발동한 내 오기는 십 수 년이 넘어도 잦아들지 않았다. 공을 멀리 날려 보내려는 승부욕은 드디어 병을 일으켰다. 어깨 힘줄이 끊어져 버린 뒤에야 깨달았다.

힘 빼! 투온 하려 말고 포 온 해도 되는데!

벚꽃 지는 날

시흥갯골공원 벚꽃길
바닥에 떨어진 꽃잎 구른다

긴 나무 의자 위에 앉은 꽃잎을
바람이 자꾸 밀어 낸다

빈 자리

그날 남한강변
나무 의자 하나
펼쳐지는 햇볕 속에
우린 온몸을 맡겼지

두 사람이 나란히 앉았던 자리
꽃잎은 날리고

분홍빛 꽃잎
떨어진 자리
수줍은 사랑이 날아간

빈 자리

서른네 송이 꽃망울

가느다란 가지 끝에서
목련 꽃망울이 떨고 있다

우리 아파트 정원 돌다리 곁에 손수 심은 나무

첫해는 입맞추던 두 송이
다음 해는 오순도순 열두 송이
올해는 두근두근 서른네 송이

오가며 바라보고
보고 또 보고
서른셋 서른넷 서른다섯
잘못 세고 또 세고

저 단단한 껍질 속에 무슨 세계가 숨어 있을까

기다린다
하얀 그 얼굴
순결한 마음

파란 신발

안데스산맥으로 가는 비행기를 타려고
공항 대기실에 앉아
파란 신발을 바라본다
다리를 길게 꼰 채

발이 편하다고
여행 때마다 십 수 년
육중한 무게를 싣고 다닌 내 신발

이마의 주름살처럼
신발 갑피에 접힌 주름살

친구들은 하나둘 세상을 떠나는데
친구보다 더한 신발이 낡아간다
사선이 된 뒤축에
지난날들이 그림자처럼 묻어 있다
집에 가면 신발장 맨 위 칸에 모셔둘까

꼬았던 다리를 슬그머니 푼다

정리지구에서

물왕호변 마른 들깻대에 핀 눈꽃이
찬바람에 지고 있다

갓길 차량 가게는 문짝이 뜯긴 채
인기척이 없다
간판이 바람에 세차게 들썩인다

정리지구 표지판이 눈을 부릅뜨고 서 있다

추억으로만 남은 서민들의 전원 카페
잊을 수 없는 길거리 커피 맛

비탈진 코스모스 언덕 노란 복수초 하나
떨고 있다
마음을 정리하는 나처럼

꼬막 비빔밥

꼬막을 까먹는다
숟가락으로 통통한 부분을 눌러 옆으로 살짝 틀면
속살이 잘 빠진다
내면이 하얗게 드러난다
펄 속에 고이 숨겼던 여린 속살
군침이 돈다

3학년 6반 와글와글 꼬막 교실
성적 경쟁
우수 반 우쭐은 먼 옛날얘기
산에 오른 뒤라 허기가 꿀맛인 지금은
까먹기 경쟁

경쟁 앞에서 손끝에 힘이 모아진다
별미 꼬막 비빔밥을 먹고 나니
알맹이 빠져버린 껍데기가 산더미처럼 쌓여 있다

내 껍데기도 언젠가 저렇게 버려질까

찜통더위가 좋다

사무실 한쪽 키다리 선풍기
긴 코드로 목에 타이를 매고 서 있다

사람들이 이리저리 비켜 다니며 걷어차기도 한다
벽을 보는 언짢은 얼굴

30도가 넘어서면 귀하신 몸
이방 저방 초대된다
가쁜 숨을 몰아쉬며 가슴을 열어젖힌 채
아부를 떠는 사람도 있다

찜통더위가 좋다

찔레장미

가시덤불에 빠졌을 때
온몸으로 헤치고
날 구해준 손길

머리부터 발끝까지
붉은 피 낭자하던
첫사랑

이제야 감사 꽃 피어납니다

말복

무더위가 목을 조인다
달갑지 않은 놈
어쩔 수 없이 단추 셔츠를 다 풀어헤친다

땀에 젖은 옷을 벗어 던진다

능소화 떨어진 자리
옥잠화 이파리가 새파랗다

나무 그늘 장의자에
쭈그리고 누워 있는 노파가
헐떡헐떡 숨을 쉰다

9월

장수천을 따라 걷는다
벚나무 이파리들 사이에
바람이 매달려 있다
주차장은 텅 비어 있고
햇볕이 옥잠화의 뺨을 핥는다
청둥오리가 자맥질하는 호수

물에 잠긴 파란 하늘
눈동자가 시리다
물 위에 앉은 나뭇잎 한 장
잊힌 편지 한 장 펼쳐진다

황새 한 마리 우두커니 무슨 생각에 잠겨 있다

사과 따기

새마을금고 40주년 초청 잔치로
과수원집 총각이 된다

소풍이냐 일손이냐

난 키가 작지만
아 낮은 곳에 붉고 큰 것들
사과를 딴다

햇살이 뭉쳐 놓은 사과

루비처럼 빛나는 얼굴
아프리카 르완다에 있는 내 영적 자녀
에마뉴엘의 얼굴처럼

언젠가
지구 곳곳에 퍼질 너의 향기를 맡는다

표지석

남동구청 뒤 경신산 정상에 표지석 하나
336F OB를 음각한 채 박혀 있다

외계인의 신호일까
개미 떼들이 글자 위를 살살 기어다닌다
날아가던 멧새들이 무엇을 잊은 듯이 돌아온다

낮은 쪽으로 내려가는 다섯 갈래 길
길을 타고 흘러드는 기밀은 무엇일까
잣나무 중심에 소나무 한 그루 우뚝 서서
촘촘한 안테나 촉각을 세운다

밤이면 뻥 뚫린 숲 사이 깊은 창공을 열고
별빛 타고 내리는 암호를 수신하는가
굵은 비가 쏟아지는 날이면
빗줄기에 무슨 신비를 실어 보내나

표지석 앞에서 두 손을 모은다

당단풍나무

아파트 둘레길 길섶
당단풍나무

엊그젠 청상이더니
오늘은 정열의 여인

곱고 긴 손가락을 흔들며
연신 누굴 부르는가
욕망의 불을 지피는가

살랑살랑 슬몃
내 속에 파고드는 너

첫눈이 오면

책보자기 등에 메고
눈 덮인 운동장을 맨발로 달리고 싶다

강아지 방울 소리 뛰고
운동장 귀퉁이 느티나무
마른 이파리 떨어져
눈 위로 구르고

호호 시린 손으로 뭉친 눈 떡을 먹어보고 싶다

그 애랑 만든 눈사람 할아버지
콧수염은 삐뚤어지고
턱은 깎이고
언제까지나 나를 보고 웃어 줄 것만 같던

첫눈이 오면
월야국민학교 운동장으로 달려가고 싶다

3부

거울앞에서

거울 앞에서

조용히 바라본다
수십 년을 한결같이 마주했지
내 외모를 고쳐 주었지

홍조 띤 뺨
부드러운 미소는 사라지고
바람 새는 풍선 같은 볼
깊게 파인 팔자주름

지금은 왜 모른 체 해?

내면은 한 치도 볼 수 없다고

네 앞에서 다만

두 손을 모을 뿐이다

11월

1자 둘이
내 앞에 서 있다
나란히

지나가 버린
추수의 계절

나의 텅 빈 곳간

애써 돌려세워 보아도
어쩔 수 없는 11자

마른 나뭇가지에 하나 달린 갈잎처럼
내미는 뒷장

내 등 뒤의
차가운 손

낙엽, 아버지

어린 내가 삭신이 쑤시는 아버지의 어깨를 밟듯이
낙엽을 밟는다

바닥에 깔린 잎이 땅에 묻히기 전
내 발걸음에 바스락거린다

은퇴를 앞두고
그때 그 아버지의 나이에 낙엽을 밟는다

못난 아비를 용서해라
넌 중학교에 꼭 가야만 하는데…

그래도 넌 머리가 좋아서
동네 이장은 할 수 있을 거야

붉은 눈시울에
낙엽이 강물로 일렁인다

빈 서재

어머니 성경
시집 몇 권
남기고

서재를 통째로 미추홀 도서관에 옮겼다

한평생 공문서에 찌든 동공
눈을 감으면
천여 권의 책장 구석구석
밑줄 친 흔적이 보인다

노란 은행잎
십 원짜리 지폐
유년의 흑백 사진도
품었던 책들을

떠나보낸다

열린 창으로
석양이 다가와

빈 자리에 앉는다

명함

정년 이후 명함 없이 살았는데

자기 명함을 내밀고 빤히 쳐다보는 건
내 명함을 기다리는 것

너절한 경력이 싫어
이름 석 자에 사진만을 넣었는데
사람들이 궁금해한다

경력을 넣었다

명함을 받고
고개를 끄덕인다

도둑놈은 아니었구나 싶은지

봉주가 떠난 후

차창에 빗물이 흘러내린다

텅 빈 묘지가 흠뻑 젖었다

무릎을 꿇고
어머니 봉분을 끌어안는다

풀잎에 맺힌 빗방울이
손가락 사이로 흘러
흙 속에 스며든다
내 젖은 가슴을 다독이는
어머니의 온기가 촉촉하다

내게 늘 미안해하시던 어머니

어머니, 생전 돌보시던
봉주가 오늘 죽었어요
떠나신 후 24년
제가 형 노릇은 했지만
늘 어머니를 찾던 세 살 아이
이른셋 아이

지금 어머니 품에 안겼나요?

비를 맞으며 서 있는 측백나무도
눈물을 뚝뚝 떨군다

멋

멋지다 멋지다
멋쟁이!
황홀한 눈이 감탄을 연발한다

젊을 땐 이런 말 들은 바 없고
깜이 안 되니 기대도 없었다

정년 이후 늙어 돌연변이가 됐나?
뒤늦게 멋이란 놈이 따라붙었지

사범님 멋지세요
도복 입은 폼이 무슨 도사님 같으세요
거꾸로서는 두좌법 동작을 시범 보일 때면
박수하며 와 멋져 멋져!

벽에 늘어선 대형 거울 앞에 서 본다
새하얀 도복에 검정 띠
백색 줄 두 개

인천 남동구청 생활체육 강좌
국선도단전호흡 지도사범 17년째

팔순인 5단 동한법사

도복 아닌 평상복 차림에도
곧은 자세 넓은 가슴 정말 멋지세요

난 시인이니
시가 진짜 폼나야 하는데

찬바람 불어도 봄은 온다

우수에 영하 팔구 도 바람까지 세차다
움츠린 사람들이 방한모를 쓰고 서둘러 걷는다
주인 잃은 빈 가게들이 하루하루 늘어난다

TV 속 매화 향기
목련꽃 몽우리엔
봄이 막 도착했다

스산한 벌판
언 땅을 뚫는
새싹들의 숨결

시든 꽃잎이 떨어져야 열매를 맺는다

엘리베이터를 타도 전철을 타도
깊게 파인 주름들만 보인다

저마다 등에는 작은 배낭을 메고
향기 마른 수다를 떤다

한때는 화려한 주연이었겠지

흰머리 앞에 머리를 숙이라 했건만
잡초로 보인다

어릴 적
할머니는 입버릇처럼
죽어야 하는데 죽어야 하는데

지금은
흰머리를 검게 염색하고

입만 열면
건강 건강 건강….

왜성 라일락

우리 아파트 둘레 길에
내가 심은 꽃

몽실한 꽃송이
네 갈래 꽃자주
꽃잎을 따서
손톱에 붙여 본다

봉숭아 꽃물들인
그 손톱

나의 손톱
어머니 손톱

인터뷰 소동

온 가족이 평창올림픽 구경을 갔다
스켈레톤 선수가 얼음 계곡을 날아간다

휙
바람을 가르는 물체
여기저기서 함성만 난무하다

아내가 문득
떠들썩한 관중들 틈에서 대담을 하고 있다
돌아가는 MBC 방송 카메라

무슨 메달이라도 딴 듯
MBC 뉴스에 자기가 뜰 거라고
여기저기 전화까지 건다

언제 뜨나
온 가족 눈이 TV 화면에 꽂혀 있다
촉각을 곤두세운다

허탕이다

호들갑 떨기 금메달

참국어사전

맞춤법
나랏말
열심히 공부해 둘 걸

엄지로 스르르
좌로 펼치면 ㄱ에서 ㅎ까지
우로 펼치면 ㅎ에서 ㄱ까지
세상 모든 것이 한눈에 들어온다

통째로 삼켜 버리고 싶다

둘째 딸이 사준 생일 선물
賞자는 없다

추억의 賞자가 있다

코로나19가 창궐하여

역병이 지나는 길목마다
악귀들이 칼춤을 춘다
빛이 허기져 흐느적거리는 모습들
하얀 방호복이
어두움을 더듬는다
약국마다 긴 줄
마스크를 받느라 아우성이다
음습한 요양병원
침대 여기저기를 휘젓고 다니는 병균
가림막 면회
문상객 없는 장례

폐차장에서

굴삭기의 커다란 갈고리가 연신 허공을 휘젓는다
갈고리에 달린 핸들이 허우적거린다

카 오디오 박스에선
로망스가 푸른 하늘을 날고
쉘부르의 우산이 펼쳐진다

고속도로를 질주하던 저 야생마
윤기 나던 피부는 찢기고
먼지로 덮이고
액세서리 하나 보이질 않는다

커다란 핸들에 얹힌 시커먼 장갑 하나
기름때의 주인은 누구일까
화물차 사고로 돌아가신 외삼촌의 커다란 손일까

무거운 짐 떠받치던 차대
부르트고 땜질한 바퀴는 다 어디로 갔을까

깨진 창틈으로 삭풍이 운다

그래그래

햇살이 간지러워 눈을 뜬다

책상에 앉자마자
다시 눈을 감는다

수북이 쌓인
범칙금 고지서
홍보물
청첩장
상가 관련 우편물들

여보 오늘 또 미루지 말고
서울 가서 꼭 해결하세요

마음이 선인장 가시에 찔린다

그래그래
바람이 부니
바람개비가 돌아야지

꿈 속의 여름밤

내 살던 옛 초가집
넓은 마당 멍석에
어머니 아버지 누나 셋이 보인다

모깃불 매캐한 쑥 냄새
부채 끝에 날리고

저녁 밥상 웃음이
봄날처럼 피어난다
밥술 위에 얹힌 달빛을 먹는다

장독대에 푸른 반딧불이 날고
사랑채 지붕엔 하얀 박이 달빛에 웃고
산 너머로 어둠을 긋는 별똥별

부엌에서 음식을 안고 나오시는
함박꽃 얼굴

앗
잊을뻔한 어머니 추모일

메리 크리스마스

거실 창가 크리스마스트리에서
별빛이 빛난다
나뭇가지에 매달린 종이 울린다

어머니는 살아 생전
모형 소나무를 손수 보관하셨지
12월이 오기도 전
손녀들과 함께 장식하셨지
정성을 다하여

하얀 눈이 쌓이고
산타는 썰매를 타고
후미진 거리로
오르막길로…
메리 크리스마스

어김없이 저 낯익은 소나무
아내가 손녀와 함께 만든

메리 크리스마스

맏사위 같던 셋째 사위

아버지처럼 든든하던 매부가 돌아가셨다
긴 리무진이 트렁크를 활짝 열고 기다린다
검은 천을 두른 관이 실린다
깜박이던 비상등이 북망산을 향한다
뿌연 하늘
검은 구름
굴착기는 米壽(미수)를 땅 속에 묻어버린다
오늘밤부터 나 대신
찬 이슬이 내리고 풀벌레가 울리라
맴도는 마지막 말 한 마디
누나는 정말 하늘이 낸 효녀였지

4부

내 말은 달린다

한라산

야자수가 깃발을 들고 춤을 춘다
오늘따라 흰옷이 찬란하다

제주체신청장 시절
출근하여 자리에 앉으면 눈 맞추고
하루를 열었었지

나의 큰 바위 얼굴

산허리를 휘감던 안개 바람
유채꽃 흐드러지고
봉우리엔 조각구름 날고

백록담 잔설을 바라보면
온갖 시름도 녹아
푸른물결

대대손손 허리춤에 품어주던
튼실한 어깨
장중한 가슴

나의 큰 스승

내 말은 달린다

끝없는 몽골 초원을 달린다

둥근 하늘 둥근 땅 맞닿아
팔방이 지평선인
초록빛 하늘 아래 달린다

천 년 전 세월로 달린다

역사의 지도를 물들인
말발굽에 차이는 물결 소리
고삐의 풍경 소리
제국으로 퍼져간다

독수리 떼 날개
수백만 병사의 깃발이 바람을 찢던 광야

칭기즈칸처럼 달린다

여전히 백마 타고 오는 초인*을 기다릴
신고구려까지

내 말은 달리고 싶다

*이육사, 「광야」

제주 아쿠아룸에서

폭포가 부서진다
머리끝에 매달린 질긴 잡념과 두통 위를

목이 부러질 듯
머리가 쪼개질 듯
아이들은 소리소리 지르고 있다

아쿠아룸 소란은
물 박치기 소리에 묻히고
정신이 잠에서 깬 듯 눈이 밝아진다

국선도 사범인 나를
머리 때리기 동작을 매일 가르치는 나를
가르치는
폭포 국선도 사범

동판을 닦는다

싱가포르 센토사섬 카펠라 호텔 로비 바닥
북미 정상회담 기념 동판 앞에 선다

트럼프와 김정은이 악수하는 커다란 손이 금빛이다
제스처가 돋보이는 건
긴 세월 내 눈이 어둠 속에 있었기 때문일까

관광객들이 동판을 밟고 지나간다
금빛 판에 찍힌 다양한 발자국들

왜 이 먼 곳에 와서 회담을 했을까
남쪽의 당사자는 부재중이다

쪼그려 앉아서 악수하는 손등에 내 손을 대본다
팔천만의 온기를 대신해서

몸과 손등엔 밟힌 자국들
발목엔 덕지덕지 엉겅퀴들이 붙어 있는 것 같다

손수건을 꺼내 청소부처럼
더러워진 동판의 손을 닦는다

지나는 사람들이 힐끔힐끔 쳐다본다

통나무 십자가를 지다

골고다 언덕에 십자가를 지고 오른다
구원의 그 현장으로

주님이 쓰러지신 제5처에서 7처까지
무거운 죄의 짐을 지고 간다
구레네 시몬처럼

핏자국 뚝뚝 흐르는 길

여전히 사고, 팔고, 먹고, 자고
그 군중들 가시로 내 가슴을 찌른다

주님을 닮아야 하는데
내가 죽어야 하는데

14 처소
생생한 구원의 흔적
뼛속 깊이 빛이 번진다

소금산 출렁다리

현기증이 난다
오금이 찌릿찌릿하다
산빛은 푸르고
계곡은 아스라하다

공중을 가르며
이 산에서 저 산으로 건너뛴다
원더우먼처럼

578계단을 오르며 맺힌 땀
계곡 바람이 이마를 닦아 준다

다리를 지탱하는 굵은 밧줄은
녹이 슬었을 지도 모른다

절대로 땅을 보지 말자
오직 하늘만 바라보자

루비프린세스호에서

비행기로 10시간 날아간 시애틀에서
난생처음 큰 집을 전세 냈다
수중에 떠 가는 북향집
알래스카로 가는 루비프린세스호*

대형 체육관 같은 홀에서
구명조끼를 입고 다이빙 교육을 받는다
여기저기 현장답사를 한다

커다란 수영장이 네 개나 있고
극장, 공연장, 상가, 면세점들이
국제공항처럼 흥청거린다

끝이 안 보이는 긴 복도 중앙에
카지노도 있다

7080 나이트, 룸바, 듀오, 볼룸댄스, 라인댄스,
50 댄스, 60 댄스
다양한 홀들이 흥청거리는 인종 시장
몸을 흔들어대는 금발의 미녀들을 힐끔힐끔 보며
뚱보들 곁을 지나
유료 무료 레스토랑, 고급 위스키 바, 피트 니스 장
스파를 지나간다

이 거창한 시설을 전세 내고도
나는 왜 무료 이용에만 눈이 가는가
죽기 전에 한 번이라도 서민 굴레에서 벗어나자
우선 먹는 것부터
고급 음식들을 죄다 먹어 보자

일반 정찬 식당
메뉴의 이름을 도무지 모르겠다
돋보기를 쓰고 집중한다
깨알 같은 영문들이 생소하다

에이, 저까짓 것들 다 맛없을 거야!

*알래스카 크루즈여행선(12만 톤급)

오스트리아 빈 카페

비엔나 케른트너 거리
오페라 하우스가 멀지 않은 곳

모차르트가 걷던 길 위에
이어지는 꿈의 행렬들
내 발걸음도 마냥 느려진다

휘날리는 머플러 같은 조각 같은
간판들의 고풍스러운 색채만큼
불빛 타고 시와 음악이 흐른다

1847년에 문을 열었다는 카페
멜란쥐 커피 한 잔에
모짜르트의 얼굴이 어른거린다

팽목항에서

팽목항 등대로 가는 길목에
만장처럼 펄럭이는 노란 리본들

거대한 쇳덩이 배 하나
붉게 녹슨 채 여기 있었든가 없었든가

뱃고동 소리 귀에 쟁쟁하건만
304명의 눈동자는 어디 있나!
공포에 떨던 긴 긴 시간들

차가운 물 속에 잠겨서라도
제발 눈 떠 달라고 애원하는

저 샛노란 함성들

흔적

베트남 여행 첫날 투어버스에 올랐다
안내를 맡은 리 엔입니다
부족하지만 양해해 주세요
현지 안내원의 서툰 한국말

월남전 때 영웅적 군가가 방송을 채웠던 시절
자유 통일 위해서 조국을 지키시다
조국의 이름으로 임들은 뽑혔으니…

내무반 옆자리에서 함께 지내던 동기
윤산옥이 안케페스 전투에서 산화했다
극구 말렸지만 육 남매의 맏이
난 꼭 월남에 가야 해 그래야 어린 동생들이 살 수 있어

월남 지원에서 탈락한 나는 지금 호찌민 동상 앞에
서 있고
너는 어디서
지금도 동생들을 돌보고 있니

저 안내양의 구멍 뚫린 청바지는
아오자이와는 거리가 멀다

건기가 가고 우기가 오고
한 세대가 가고 다시 아이들이 태어나고

어떻게 한국말을 그리 잘하세요 물으니
한국어 많이 공부했어요
할아버지가 한국 사람인데
전쟁 때 돌아가셨어요
저 한국 좋아해요
저에게 할아버지의 흔적이 보이나요?

론강에 태양은 불타고*

아비뇽의 다리
난간에 기대 선다

물가로
등을 댄 집들이
휘어져 이어지고

물은
론강으로 흐른다

지중해
의자에 기댄
한가로운 인종들

태양은 론강에 쏟아져
타는 강물
풀꽃 흔들며 날아가는
세월의 바람
강변

그때
그 길

늙고 죽고 태어난 사람들

코발트블루

노란빛

아를의 별이 빛나는 밤

＊론강 : 프랑스 남동부 프로방스 지역 아를을 흐르는 강으로 빈센트 반 고흐의 「아를의 별이 빛나는 밤」의 배경이 된 강.

정선 아리랑 열차에서

땅울림실 9A석
객실이 온통 핑크빛이다

창 밖으로
낮은 지붕들이 날아가고
미루나무도 휙휙 지나가고

보릿고개
그때 그 얼굴들이 스쳐 간다

대전발 0시 50분
입석 승차권으로 통로까지 가득 메우고
의자 등받이에 기대 서서 졸며
뒤틀리던 그 천리 길

빼곡한 시렁에서 쏟아져 내리던
서울행 보따리들
보따리마다 얽혀 있는 사연들

오늘은 어디에서 수라상을 받고
어디에서 시 한 수 읊조릴꼬

도두봉 오름에서

바람을 따라 걷는다
솔가리가 폭신하다

사방은 짙은 남색 하늘 바다
중심에 내가 우뚝하다

소나무 사이로 집채만한 파도가
바위를 하얗게 휘감아 돈다

민둥 봉우리
누런 잔디들 아기 웃음처럼 살랑이고
억새꽃들이 윤슬처럼 반짝인다

서편으로 기울던 햇볕이 더듬더듬 다가와
내 볼을 만지고 간다

갈매기도 귀가를 서두르는 해변
줄지어 늘어선 가로등이 하나둘 눈을 뜬다

옹기종기 나지막한 집들
그 안에 나도 잠들고 싶다

서귀포에서

비가 내린다
어머니를 모시고 오려던 정방폭포
풍수지감(風樹之感)
나도 운다

서귀포항에 발이 묶인
젖은 고깃배
새끼 갈매기 한 마리
어미를 부르듯 아악 아악

푸른 하늘과 맞닿은 수평선 너머

나는 여기

어머니는 거기 멀리

미륵산에서

미륵산에 올라
바다와 작은 섬들을 바라본다

숲의 그늘
이름 모를 꽃 속에
미륵산은 등이 휘었다

박경리기념관과 묘소가 내려다보이는 곳

"욕망으로 일그러졌을 때
진실은 눈 멀고
해와 달이 없는 벌판 세상은 깜깜해"

미륵산에 올라
마음을 헹군다

굿샷

잔디 양탄자가 끝없이 펼쳐진
치앙마이 하이랜드 페어웨이

산으로 둘러친 초원 위에서
햇빛이 미끄러진다
풀 향기 바람에 실려와 코끝을 간질인다

홀마다 하얀 깃발이
오랜 기다림 끝에 손을 흔들어 준다
호수 위 분수는 폭죽을 터뜨린다

그린 둘레에는 어김없는 벙커들
드높은 담벼락을 탈출하는 기막힌 스릴
홀인 순간
부딪치는 다국적 손바닥들
팔순맞이 가족 골프대회
  치앙마이 하이랜드
  2025년 1월 30일

아들이 만들어준 총천연색 플래카드가
카메라 앞에서 춤을 춘다

함박웃음
파이팅!

◆ 해설

장소에서 삶으로, 시에서 철학으로 향하는 정도병의 시학

정연수
(문학박사)

　정도병 시인의 시에 등장하는 자연물은 단순한 자연경관을 넘어, 인간의 감정과 기억, 그리고 삶의 의미를 되새기게 하는 시적 공간으로 자리잡는다. 자연과 인간의 교감을 통해 자연은 삶의 상실과 그리움, 치유의 공간으로 드러난다. 구체적으로 호명되는 장소는 공간의 정체성과 시적 상상력을 실제화한다. 이는 공간을 바탕으로 자연과 인간의 교감, 회상의 장소, 치유와 회복의 가능성을 탐색한다.
　정도병 시인의 장소는 개인적 기억과 사회적 역사, 일상성과 영성, 자연과 존재의 깊이를 포괄하며, 생의 본질을 되묻는 철학적 사유의 공간을 형성한다. 각각의 시는 한 편의 내면적 성찰이자 시대적 증언으로, 존재와 죽음, 기억과 망각, 윤리와 구원, 공동체와 자아라는 철학적 주제를 다양한 시적 이미지로 풀어낸다.

호수야
가슴 활짝 연
물왕호야

반짝이는 햇살 피어나고

산 그림자 드리운 수면
늘어진 실버들 사이로
물결 타는 청둥오리 가마우지

물왕호야
갈대숲 속삭이는 호수야
긴 의자에 걸터앉은 나는 가슴이 저려라

큰 호수 얼굴

눈 감으면 수면에 떠오르는
어른거리는 보고픈 사람아
그리워라 혼자 그리워라

달밤 별밤에도
마음 맑은 사람아

헤매노라

찾아 헤매노라

-「물왕호」 전문

이 시는 물왕호와 생태적 감수성의 정서적 결합을 다룬 작품이다. 호수의 자연을 세밀하게 포착하면서도, 개인의 내면적 경험을 자연과 교차시킨다. 단순한 자연경관이 아닌 "가슴 활짝 연" 생명체로 호수를 묘사하며, 자연에 대한 애정 어린 시선을 드러낸다. "호수야/가슴 활짝 연/물왕호야"라고 호명하며 물왕호를 살아있는 존재처럼 대하는 것이다. "물왕호야/갈대숲 속삭이는 호수야"와 같이 반복적으로 호출되는 '호수'는 단지 경치가 아닌 내면적 울림을 불러일으키는 감정의 매개체이다. 이 자연의 한가운데서 "긴 의자에 걸터앉은 나는 가슴이 저려라"라고 고백하는 시인은 호수의 넓고 깊은 품 앞에서 자신의 내면을 들여다본다. "눈 감으면 수면에 떠오는/어른거리는 보고픈 사람아/그리워라 혼자 그리워라"라는 표현에서 자연 풍경이 기억과 그리움을 불러오는 정서적 공간으로 기능함을 보여준다. 호수는 그리움의 공간이자, 그리운 이와의 재회를 꿈꾸는 장소가 된다. 이처럼 물왕호는 단순한 배경이 아닌 상처를 품은 풍경이자, 그리움과 치유의 공간으로 기능한다. 자연은 외부 환경이자 내면의 감정이 투영되는 장소로 확장되면서 감정의 정화 공간으로 작동한다.

한편, 이 작품에서는 "물결 타는 청둥오리 가마우지"와 같은 표현은 물 위의 야생 생명들과 함께 살아 숨쉬는 생태계를 감각적으로 포착하고, 인간 중심적 시각을 넘어 자연의 자율성과 생동을 존중하는 태도를 보여준다. "반짝이는 햇살 피어나고/산 그림자 드리운 수면/늘어진 실버들 사이로" 등의 묘사 역시 자연의 다채로운 표정과 생동감을 드러낸다.

> 거리 두기 수개월째
> 대체 혼자 어디를 갈까
>
> 정처 없이 굴러가던 차바퀴를 이끄는
> 물왕호 이정표
>
> 물결 따라 낮게 나는
> 쇠백로 한 마리
>
> 호숫가에서 고개를 길게 빼고
> 새를 바라보는 코스모스
> 어느새 날개를 달고 날아가는 코스모스
>
> 무거운 생각들 다 내려놓으면
> 나도 날개가 돋을까
>
> 해 질 녘까지
> 두 귀빈과 노닐다
>
> ―「두 귀빈」 전문

이 시는 인간과 자연의 접속지점을 보여준다. 물왕호 일대를 지역성과 정체성을 품은 '살아 있는 장소'로 형상화한다. "물왕호 이정표"는 물리적 길의 지시

점이자 내면적 방황의 끝으로 기능하며, '쇠백로'와 '코스모스'가 어우러지는 장면은 지역 생태와 계절 변화, 인간의 정서를 하나로 엮는다. 특히 "무거운 생각들 다 내려놓으면/나도 날개가 돋을까"라는 구절은 인간이 자연에 감응함으로써 스스로도 변화될 수 있다는 희망을 암시한다.

한편, "거리 두기 수개월째/대체 혼자 어디를 갈까"라는 구절에서는 코로나19 시대의 고립감이 드러난다. 이 고립감을 극복하는 것은 자연 생태와의 만남이다. "물결 따라 낮게 나는/쇠백로 한 마리", "호숫가에서 고개를 길게 빼고/새를 바라보는 코스모스"와 같이, 시인은 자연 속에서 외로움을 달래며, 자연이 주는 위로를 맞이하는 것이다.

'물왕호 이정표'와 같은 감응은 다른 시 「정리지구에서」에서도 나타난다. '정리지구'는 도시화와 개발의 흔적이 남은 장소로, "간판이 바람에 세차게 들썩인다/정리지구 표지판이 눈을 부릅뜨고 서 있다"는 묘사를 통해 산업화의 흔적이 남은 폐허적 로컬 공간에서의 상실과 그리움을 드러낸다. "노란 복수초 하나/떨고 있다/마음을 정리하는 나처럼"이라는 대목은 자연의 흔들림과 인간 감정의 진동이 교차하는 순간으로, 자연이 감정의 은유로 기능하는 생태주의 문학의 모범을 보여준다.

물왕호 물풀들 속삭이듯 일렁인다
일일초가 언덕을 하얗게 덮고 있다

처서에 코로나가 데려간 그 친구인 듯
　가슴에 안겨 오는 서늘한 바람

-「처서」 전문

　이 시에서는 기억과 자연이 포개지는 서정적 시선이 그려진다. 계절의 변화 속에서 생명을 감지하고, 그 변화에 따라 상실이나 회상을 감각적으로 그려내는 방식은 생태주의적 서정시의 중요한 특성이다. 이 시에서 "처서에 코로나가 데려간 그 친구인 듯/가슴에 안겨 오는 서늘한 바람"은 자연현상을 통해 인간의 상실을 은유적으로 전달한다. 계절의 감각이 상실의 기억과 교차하는 지점을 보여준다. 자연의 변화는 곧 인간 삶의 변화와 맞닿아 있다. "코로나가 데려간" 친구에 대한 기억을 "물왕호 물풀들"의 속삭임으로 간결하게 풀어내면서 생태주의적 서정시의 진수를 보여준다.

　「물왕호」,「두 귀빈」,「처서」 등에서 살펴보았듯, 물왕호를 배경으로 한 시편들은 생태적 감수성과 로컬리티를 결합하여 삶과 자연, 기억과 그리움을 연결하는 정서적 풍경화를 구현한다. 실제 장소인 물왕호를 축으로 인간과 자연의 관계를 성찰하며 지역 고유의 정취를 강조함으로써 생태주의적 시선과 로컬리티 미학이 융합된 시 세계를 보여준다. 단지 자연을 묘사하는 데 그치지 않고, 그 속에서 인간의 감정과 장소의 정체성을 길어 올린다. 그 과정에서 생태주의는 감상적 유희가 아니라, 인간 삶의 지속 가능성을 응시하는 시적 윤리로 작동하며, 로컬리티는 기억과 정서의 닻으로 기능한다. 이를 통해 물왕호는 단순한 자연풍경이 아니라, 삶의 의미를 되묻는 정서적·윤리적 공간으로 확장된다.

> 장수천을 따라 걷는다/벚나무 이파리들 사이에/바람이 매달려 있다//(중략)//물 위에 앉은 나뭇잎 한 장/잊힌 편지 한 장 펼쳐진다 //황새 한 마리 우두커니 무슨 생각에 잠겨 있다
> ―「9월」 부분

> 시흥갯골공원 벚꽃길/바닥에 떨어진 꽃잎 구른다/긴 나무 의자 위에 앉은 꽃잎을/바람이 자꾸 밀어낸다//빈 자리
> ―「벚꽃 지는 날」 부분

로컬리티를 드러낸 작품 중에서도 장수천을 배경으로 한 「9월」과 시흥갯골공원을 다룬 「벚꽃 지는 날」을 주목한다. 「9월」은 "물에 잠긴 파란 하늘/눈동자가 시리다"는 표현을 통해 자연의 아름다움과 그것이 불러일으키는 감정의 미세한 떨림을 포착하고 있다. "잊힌 편지 한 장 펼쳐진다"는 표현은 자연 속에서 인간의 기억이 우연히 되살아나는 과정을 보여준다. 자연은 단순한 배경이 아니라 기억의 저장소이며, 감정의 해방구라는 것을 명징하게 보여준다.

「벚꽃 지는 날」은 '벚꽃', '빈 자리' 등의 이미지를 통해 인간관계의 상실과 추억을 자연과 연결시킨다.

"바람이 자꾸 밀어 낸다//빈 자리"라는 구절은 인간 부재의 감정을 자연 이미지 속에 투사한 대표적 사례이다. '빈 자리'를 독립연으로 처리한 것이라든가, 반복하고 있는 것도 부재 상황을 강조하는 것이다. '꽃잎 떨어진 자리'는 "수줍은 사랑이 날아간" 자리로 은유되며, 자연은 감정의 서사로 전환된다. 자연의 소멸과 인간의 상실이 겹쳐지는 순간을 섬세하게 포착하면서 자연 속 빈 자리를 인간의 정서가 깃든 장소로 승화하고 있다.

> 현충원 둘레길 양편에
> 위패들이 늘어서 있다
> 사열하는 총열처럼
>
> 언덕 여기저기
> 퍼져가는 붉은 몽우리들
>
> (중략)
>
> 가까이 다가가 꽃잎을 펼쳐 본다
> 오므린 어린 꽃잎
> 활짝 핀 다섯 잎
>
> 베트남 안케패스 전투에서 산화한
> 친구의 얼굴일까
>
> −「국립묘지 영산홍」 부분

이 시는 죽음을 기념하는 장소를 통해, 국립묘지의 붉은 꽃을 통해 죽은 자들의 흔적과 산 자의 윤리를 탐문한다. "위패들이 늘어서 있다/사열하는 총열처럼"이라는 시구는 전쟁의 기억을 형상화하며, 단지 추모가 아닌 전쟁의 폭력성과 그 내면화된 상흔을 드러낸다. "베트남 안케패스 전투에서 산화한/친구의 얼굴"이라는 특정인의 죽음을 통해 모든 무명 전사들의 죽음을 상기시킨다. 여기서 죽음은 잊히는 것이 아니라, 꽃잎처럼 되살아나는 윤리적 타자의 호출로 작동한다.

> 베트남 여행 첫날 투어버스에 올랐다
> 안내를 맡은 리 엔입니다
> 부족하지만 양해해 주세요
> 현지 안내원의 서툰 한국말
>
> 월남전 때 영웅적 군가가 방송을 채웠던 시절
> 자유 통일 위해서 조국을 지키시다
> 조국의 이름으로 임들은 뽑혔으니…
>
> 내무반 옆자리에서 함께 지내던 동기
> 윤산옥이 안케페스 전투에서 산화했다
> 극구 말렸지만 육 남매의 맏이
> 난 꼭 월남에 가야 해 그래야 어린 동생들이 살 수 있어
>
> 월남 지원에서 탈락한 나는 지금 호찌민 동상 앞에

서 있고
너는 어디서
지금도 동생들을 돌보고 있니

저 안내양의 구멍 뚫린 청바지는
아오자이와는 거리가 멀다

건기가 가고 우기가 오고
한 세대가 가고 다시 아이들이 태어나고

어떻게 한국말을 그리 잘하세요 물으니
한국어 많이 공부했어요
할아버지가 한국 사람인데
전쟁 때 돌아가셨어요
저 한국 좋아해요
저에게 할아버지의 흔적이 보이나요?

-「흔적」 전문

  죽음과 기억의 윤리학은 한국인의 월남 파병을 다룬 이 작품을 통해 잘 드러난다. 이 작품은 베트남전이 한국과 관계가 깊으며, 현재 진행형의 상처이기도 하다는 점에서 기록적 가치가 크다. 전쟁이 남긴 인간사적 흔적을 동시대 여행자의 시선으로 가볍게 풀어내면서도 시사하는 무게는 결코 가볍지 않다. 베트남 여행지에서 만나는 흔적은 두 가지이다. 하나는 "내무반 옆자리에서 함께 지내던 동기/윤산온이 안케페스 전투에서 산화했다"는 한국인의 기억으로, 시인의 전우를 대상으로 한다. 또 다른 하나는 "할아버지가 한국 사람인데/전쟁 때 돌아가셨어요"라고 말하는 베트남인의 기억으로, 시인이 여행지에 만난 현지 가이드를 대상으로 한다. 가이드의 어머니가 라이따이한이었다는 점에서 이 시는 전쟁이 단지 과거가 아니라 현재까지 이어지는 삶의 층위임을 드러낸다. 정도병 시인은 전쟁의 상흔을 낭만화하지 않고, '역사의 윤리적 책임'을 우리 사회에 묻는 것이다. "지금도 동생들을 돌보고 있니"라는 질문은 살아남은 자의 책임에 대한 질문이자, 망각을 거부하는 윤리적 요청이다. "저에게 할아버지의 흔적이 보이나요?"라는 질문 역시 베트남전 참전의 흑역사를 잊고 있는 우리에게 던지는 윤리적 질문이기도 하다.

   햇살이 간지러워 눈을 뜬다

   책상에 앉자마자
   다시 눈을 감는다

   수북이 쌓인
   범칙금 고지서
   홍보물
   청첩장
   상가 관련 우편물들

   여보 오늘 또 미루지 말고

서울 가서 꼭 해결하세요

마음이 선인장 가시에 찔린다

그래그래
바람이 부니
바람개비가 돌아야지

－「그래그래」 전문

  이 시는 존재의 무게가 일상의 사소한 물건들 속에 고여 있음을 보여주는 작품이다. "범칙금 고지서/홍보물/청첩장/상가 관련 우편물들"은 현대인의 일상이 마주하는 무기력과 소진의 현실을 상징한다. 그러나 시인은 "그래그래/바람이 부니/바람개비가 돌아야지"라고 말함으로써, 허무한 감정까지 받아들이면서도 멈추지 않는 삶의 자세를 제안한다. 이는 키에르케고르가 말한 '기꺼이 반복되는 삶의 태도'와도 닿아 있다. 이 시는 존재의 무게와 일상적 철학을 간결하게 보여준다는 점에서 수작으로 꼽을 수 있다.

3학년 6반 와글와글 꼬막 교실/성적 경쟁/우수 반 우쭐은 먼 옛날얘기/산에 오른 뒤라 허기가 꿀맛인 지금은/까먹기 경쟁//경쟁 앞에서 손끝에 힘이 모아진다/별미 꼬막 비빔밥을 먹고 나니/알맹이 빠져버린 껍데기가 산더미처럼 쌓여있다//내 껍데기도 언젠가 저렇게 버려질까

－「꼬막 비빔밥」 부분

내 살던 옛 초가집/넓은 마당 멍석에/어머니 아버지 누나 셋이 보인다//모깃불 매캐한 쑥 냄새/부채 끝에 날리고//(중략)//부엌에서 음식을 안고 나오시는/함박꽃 얼굴//앗/잊을 뻔한 어머니 추모일

-「꿈 속의 여름밤」 부분

「꼬막 비빔밥」에서는 경쟁사회 속에서 인간 존재가 어떻게 '껍데기'처럼 소모되는지를 은유적으로 보여준다. "알맹이 빠져버린 껍데기가 산더미처럼 쌓여있다"는 구절은, 인간 존재의 탈속성과 허무를 상징하면서도 "내 껍데기도 언젠가 저렇게 버려질까"라는 자문을 통해 인간의 덧없음을 철학적으로 반성한다. 철학자 하이데거가 인간은 '죽음을 향한 존재(Sein zum Tode)'라는 것을 자각했는데, 이에 대한 시적 형상화로 보아도 좋다.

「꿈 속의 여름밤」은 유년의 기억을 통해 존재의 기원을 추적하는 시이다. "밥술 위에 얹힌 달빛을 먹는다"는 시구는 일상과 우주의 결합, 감각과 초월의 만남을 아름답게 형상화하며, 철학적 시간 개념인 '회상적 영원(Eternal Recurrence)'을 시적으로 환기한다. 마지막 구절 "앗/잊을뻔한 어머니 추모일"은 기억의 윤리성을 다시 부각시킨다. 삶은 결국 잊지 않음의 행위이자, 과거로부터 자신을 계속 구성하는 '정체성의 연속체'이다.

팽목항 등대로 가는 길목에

만장처럼 펄럭이는 노란 리본들

거대한 쇳덩이 배 하나
붉게 녹슨 채 여기 있었든가 없었든가

뱃고동 소리 귀에 쟁쟁하건만
304명의 눈동자는 어디 있나!
공포에 떨던 긴 긴 시간들

차가운 물 속에 잠겨서라도
제발 눈 떠 달라고 애원하는

저 샛노란 함성들

−「팽목항에서」 전문

   세월호 참사를 다룬 시로, 죽은 자들의 시선으로 살아있는 우리를 응시하게 만든다. "304명의 눈동자는 어디 있나!"라는 시구는 인간 생명에 대한 윤리적 감수성과 사회적 무관심에 대한 강한 비판을 담고 있다. "노란 함성들"은 말이 아닌 침묵의 외침이며, 공공의 책임과 기억의 윤리를 요구하는 철학적 증언이다.

   한편,「발자국」은 존재의 마지막을 향한 철학을 다루며, 죽음을 순결하게 받아들이는 내면의 여정을 그린다. "하얀 국화꽃 뒤덮인 이 땅에/입 맞추고/훨훨 날아오를 내 발자국"은 죽음을 두려움이 아닌 초월의 순간으로 바라보는 신비적 시선이다. 이는 플라톤적

영혼 불멸 사상과도 연결될 수 있으며, 죽음은 끝이 아닌 '하얀 날개를 단 새로운 출발'이다.

존재의 의미를 다룬 작품은 시편 곳곳에서 나타난다. 「어디쯤일까」 역시 일상의 권태 속에서도 존재의 흔적을 남기고 싶은 인간의 욕망을 그린 작품이다. "바람이 시린 내 어깨를 스친다/생명을 다한 별이 스러진다//빨간 꽃 노란 꽃 파란 꽃/말없이 시들어간다//어제가 오늘에 자리를 내주고 사라진다"(「어디쯤일까」)라는 구절을 통해 시간 속에서 소멸하는 유한적 존재의 비극을 보여준다. "존재는 시간 속에서 드러난다"는 하이데거의 말처럼, 유한성 속 의미의 순간을 포착하려는 인간의 철학적 자세를 시로 형상화하고 있다.

골고다 언덕에 십자가를 지고 오른다
구원의 그 현장으로

주님이 쓰러지신 제5처에서 7처까지
무거운 죄의 짐을 지고 간다
구레네 시몬처럼

핏자국 뚝뚝 흐르는 길

여전히 사고, 팔고, 먹고, 자고
그 군중들 가시로 내 가슴을 찌른다

주님을 닮아야 하는데
내가 죽어야 하는데

14 처소
생생한 구원의 흔적
뼛속 깊이 빛이 번진다

―「통나무 십자가를 지다」 전문

인간의 죄와 그 짐을 짊어지는 윤리적 고통의 현장을 잘 보여주는 작품이다. "그 군중들 가시로 내 가슴을 찌른다"는 구절은 예수의 고난을 목도하며 동시에 자신의 타락을 성찰하는 이중적 구조를 형성한다. 이는 니체가 말한 '도덕적 인간의 고통'이자, 인간 스스로가 구원을 위해 자기를 죽여야 한다는 역설의 인식이다. "주님을 닮아야 하는데/내가 죽어야 하는데//14 처소/생생한 구원의 흔적/뼛속 깊이 빛이 번진다"라는 구절에서는 회개하는 마음과 지켜야 할 신앙인의 신념이 강렬하게 드러난다.

지금까지 살펴본 것처럼 정도병 시인의 시는 '자연-생태-로컬리티의 장소성-일상적 삶의 기억-전쟁과 사회적 상처-유한 존재의 성찰-종교적 신념' 등에 이르기까지 다양한 주제를 통해 삶의 내면과 방향을 제시히고 있다. 이러한 시편들은 존재와 죽음, 기억과 윤리, 종교와 구원, 일상과 사회, 자연과 초월을 교차시키며, 시를 통해 철학하는 작업을 시도하는 것이기도 하다. 시적 소재는 자전적 경험에서 출발하되,

그것을 공동체적 윤리와 보편적 존재의 문제로 확장하며 대사회적 메시지를 던지고 있다. 시를 삶의 철학으로 승화시켰기에 가능한 작업이다. 정도병 시인의 시편들은 인간이 삶을 어떻게 사유하고 견뎌야 하는지를 시로써 묻고, 그에 대한 조용하지만 깊은 응답을 남기고 있다.

순수시선 691

큰 호수 얼굴

정도병 지음

2025. 6. 7. 초판
2025. 6. 15. 발행

발행처　순수문학사
출판주간　朴永河
등록　제2-1572호

서울 중구 퇴계로48길 11 협성BD 202호
TEL (02) 2277-6637~8
FAX (02) 2279-7995
E-mail ; seonsookr@hanmail.net

저자와의 합의하에 인지를 생략함
잘못된 책은 바꾸어 드립니다

ISBN 979-11-91153-80-4

가￦ 15,000원